苦しいときにこそ考え抜く

「苦しみ」は「向き合う」ことで乗り越えられる

上田しげ子

もくじ

第一章　家庭とはなにか …… 1
夫との会話の中で …… 2
家のそと、家のなかで気をつけるべきこと …… 4
日常生活は「成功」と「失敗」の繰り返し …… 6
「試練」は野にも畑にも …… 8
「親」になるということ …… 10
家庭不安を迎えた際の心の支え …… 12
私を支えてくれる身近な味方？ …… 14
古今「嫁入り事情」 …… 16
「家選び」について …… 18
「お掃除」の大切さ …… 20

第二章　生き方を考える

第二章　生き方を考える……23
見返りを求めない……24
「孤独」とは、自分を取り戻すチャンスである……26
毎日の「面白い」が生活を明るくする……28
「失敗」を心にきちんと銘記することのたいせつさ……30
一般的な価値基準に自分を合わせようとする不幸……32
内なる「神の声」に耳を傾ける……34
子どもの頃の自分と今の自分を比べて見えてくるもの……36
「自立」への心構えについて……38
人間は根っからの「怠け者」？……40
「自信」に変わるまでの時間……42

第三章　学びを通して……45

本を読む習慣をつける……46
日々の運動の大切さ……48
「空手」とわたし……50
テレビから得られる知識と本から得られる知識……52
相互理解できる人こそ「良き相談者」……54
「四十の手習い、五十の手習い」……56
「体力」や「精神力」は消耗されるもの、「感情」は支配するもの……58
原稿用紙のためらい……60
今も心に生きる「恩師」との出逢い……62
現代生活は「スマホ依存」の「パソコン頼み」……64

第四章　考えることの大切さ

第四章　考えることの大切さ……67
何かを始めよう……68
余計なことを考えない……70
人に合わせず自分で考えるということ……72
お金のことをよく考える……74
雑詠　日々の悩み事……76
心の平穏（Ⅰ）自分のすべきことは何かを振り返る……78
心の平穏（Ⅱ）悩みや望みをしたためる……80
脱マイナス思考に向けて……82
「好き嫌い」と「善い悪い」……84
本当に嫉妬深いのは男？……86

第五章　仕事と生活

第五章　仕事と生活……89
「仕事」は自分のため？人のため？……90
生活を支える仕事？仕事を支える生活？……92
日々の生活を守る……94
環境が変わると「達観」できる……96
異国人との、ある遭遇体験……98
「仕事」の力を借りて自分を突き動かす……100
人類にとっての永遠の課題？……102
自分をほめる……104
「他人の目」と「自分の目」……106
「本を書く」ことの意義について……108

第一章　家庭とはなにか

夫との会話の中で

結婚をして、いっしょに暮らして始めた時、どうやってうまく暮らしていったらいいかと主人とよく話していました。このことが、後になって重要なひとつの結末をもたらすとは、当時は思ってもみませんでした。

たとえば、若いときは知らないことが多く、冠婚葬祭に一人でいったらいいか二人でいったらいいかとか、本当によく話し合いました。また、よっぽど心配性なのでしょうか、結婚前から、遠い将来、もし介護になったらどうしよう、なんて話もしていて、「介護になったら私が面倒をみるよ」なんて言ったりしていましたが、実は夫はそれで結婚を決めたみたいでした。

それで今度は、

「人の気持ちはよく変わるから、うまく心が通じ合わなくなったらどうする?」

って話しました。そうしたら、

「いったん離れてみて、また心がうまくつながったら、また一緒にいるようにすればいいじゃないか」って、言ってくれました。この答えはなんとも当たり前で、とくに名答でもなんでもありません。しかし、いつもいっしょにいると、とかく飽きるのは事実です。それでかどうか、夫は休みの日ってなると、ぷいっと友達と出掛けてしまうことがありました。私も負けじと友達のところに行っていました。そんな二人にとっての息抜きを挟みつつ、そうやってだめな時を乗り越えていたのでした。

心配性に端を発した言葉が、結婚をうながしたり、あまりにも当たり前な解決策が夫婦仲を円満に保つヒントになったりするものなのです。ことが煮詰まる前にフランクに夫婦で話し合ってみる、もっとも当たり前な解決策を信じて素直に実践してみる、これらは意外と大切なことなのかもしれません。

家のそと、家のなかで気をつけるべきこと

家のそとでは、他人や自動車が往来して、最近ではスマホに夢中で前を気にせずに歩いたり、自転車を運転したり、これは法律では禁止されていますが、スマホ片手にハンドルを握るような困った人もいます。そういう意味で外を歩く場合は、家のなかよりも気をつけなくてはいけないことが多いようです。一番怖いのは、自転車や自動車との事故です。曲がり角から人や車が飛び出してきて、ぶつかったりするとたいへんです。車でも自転車でも、歩いている人でも事故はみな一瞬の出来事です。人が出てくる所や、自転車や車の往来が激しい所では、相手の方が先に行きそうって先読みをすることが重要です。その際は、まず自分の方が止まって譲り合い、第一の安全を確保する。両方で止まれば、なお安全ですが、そうすればつぎの行動が取れます。そんな「読み」ができれば自分も、そして他人にとっても安全です。ある、たいへん入

り組んだ五叉路、六叉路といわれるような危険で入り組んだ交差点では、通過する車がその危険性をみんなが知っているから、先読みして一旦みんなが止まって譲り合い、そして止まった最初の車から通過を始めるという暗黙のルールが出来上がって、交通事故が起こらないという話を聞いたことがあります。

一方、家のなかは、交通事故も起こらないから、そとよりは安全だという神話がありますが、そとよりずっと狭いから、ぶつけたりする角があったり、ちょっとした段があったりしますので、気を抜いてはいけません。そんなときは、女らしくとか、格好よく優雅になんて思っていてもしょうがないと思います。人の中でも家の中でもよく注意して、よく考えて体を動かすこと。そんな風に頭も体も、柔らかくして生活していれば、そんな毎日は、退屈することもなく、意外と忙しく、充実した毎日が送れると思います。

日常生活は「成功」と「失敗」の繰り返し

毎日、生活をしていると、昨日体操をしたから今日は体が絶好調で、よいスタートが切れたとか、大事なお皿が割れちゃってとてもブルーな気分になってしまったとか、大なり小なり「成功」と「失敗」の繰り返しがあることがわかります。まさしく「禍福は糾《あざな》える縄の如し」で、これらは順番にやってくるものです。

もちろんこれらのめぐり合わせは時の運ではありますが、心理的には、こんな現象が起こっているのかもしれません。すなわち、「失敗」という心のつまづきの中で一抹の希望を探し出そうとする心の反射が次なる「成功」という風景を見せてくれたり、「成功」という有頂天にある心境が慢心を諭すかのように見せてくれる心の風景が「失敗」なのかもしれません。

偶然の魔力や、ずるがしこく金回り立ち回りを上手くすることにより、これらの

「成功」を見続けさせられてしまうと、それを自分の実力のように混同し、とるべき行動のすべてが、その立場を保身することに終始し、慢心してしまうから注意が必要だと、テレビで美和明宏さんが言っていましたが、なによりも恐ろしいのは、自分自身が「成功」のありがたみを分からなくなってしまうということです。そこには当然、その喜びもありませんから、生きる目標というものも失われてしまう。豪華な服をまとった、豪奢な生活をする、周囲から羨望のまなざしで見られる「廃人」の誕生です。

他方、きちんと「成功」と「失敗」を順序よく体験する人生を送れてきた人は、双方のありがたみがわかっていますし、「成功」と「体験」がかならず順当にやってくるものであることを信じられますから、ひとつの「成功」をしたら、「慢心せずに謹んで次なる失敗を待つ」ことや、ひとつの「失敗」をしたら、次にかならずやってくる「成功」を信じて、希望を持つことが出来るのです。

「試練」は野にも畑にも

ある日、蓄念の思いであった「お墓参り」に行きました。これは、長年行こう行こうと思って実現できなかったことなので、「行けました」といったほうが正しいかもしれません。

そうすると、なんだか、今まで気になっていたことが、みんな乗り越えられたような爽快な気分になれました。しようしようと思いながら、中々果たせぬ計画、義務といったものは、目の上のこぶのようで、日々肥大化して、日々手を付けにくくなっていくものです。一方、それが実行出来た時の達成感や開放感は、なんで今までそんなに自分を苦しめていたのか理解できないほどです。もちろん、実行前には、そんな見事な眺望が向こうに開けているなんてわかりません。

お墓参りなんか日常生活のなかでは、大きなことの部類に入ることですが、日常生活に含まれる、大きなことも小さなことも人生の回転の一つ一つの大切な歯車であるということを理解し、きちんと日々こなしていくことが、重要なのです。「大きなこと」、「小さなこと」の判断基準は、長い人生から見れば、ある一時の自分の気分だったりすることもあるのですから。

「案ずるよりも産むが易し」という古言がありますが、何かことを「なさずに」あるいは「できずに」いると、その実行できない不安感や焦燥感は、その対象の行為の大きさとは無関係に、いくらでも大きく膨らんでいくものです。だからこんな諺が昔から人々の口にのぼってきたのだと思います。

日常生活の中には、ただ、なんとなく実行できないというだけで、肥大化してしまった「試練」が多く存在し、一方、ただ「それを実行出来た」という「達成」感もあるのです。

「親」になるということ

子供というものは、いくら親が可愛がって手名づけようとしたって、行く行くは家庭から外の世界へと飛び出し、自分の友達や家庭以外のことにもちゃんと興味をもってくるのだから、ここではむしろ親の方が「子離れ」のための努力を強いられる宿命にあります。やがて将来的には、世間に独り立ちしていかなければならないし、結婚をして家庭を持つ次世代の担い手として立派に羽ばたいていかなければなりません。

そうなると、親はここでうじうじと立ち止まっていることは許されず、子供を「立派に」世に送り出す様々な行事やイベントに遭遇することとなります。結婚式に堂々と出席しなければならないし、好むと好まざると、先方の両親にもきちんと相い対さなければならないし、子供のように「怖いから行かない」なんて言う訳にはいきません。そのための準備でもありませんが、そんな時にでも、臆することなく堂々と出掛けられるようにしておきたいと思い、朝早い仕事や遅く開始する仕事などを経験して、自分の順応度を高めるようにしました。それに今までは、なんでも夫にまかせていた傾向があるので、なるべく自分でやらなくてはと、考えを改めました。

人との関係においては結婚式に限らず、その他の「冠婚葬祭」はかかせません。結婚式はあらかじめ日程が分かっていますが、お葬式は突然やってきます。

だから、これらの準備活動をあらかじめやっておいて多少は肝が据わったように思えます。私は結婚をした当初はすぐ泣いてしまっていました。様々な状況や家族とのふれあいを通して強くなることの大切さを学びました。

私の「親」になるための第一歩は、遅い仕事の帰りに通った真っ暗で恐い坂道を通る一歩一歩だったのです。

家庭不安を迎えた際の心の支え

夫が二十三年間勤めていた会社を辞めて、再就職の活動をしている時、家族も生活のことで心配になったことがありました。再就職もままならず、家族も焦りを感じていました。経済不安のこともありましたが、とあるきっかけで自分が近くのパートに出ることになりました。仕事をして少し慣れてくると、かつて仕事をやりながら習いごとに行っていたことを思いだしたので、俄かに元気付くと、まず町内会に参加することにしました。そうするとまだできるものがないかと、どんどん積極的になり、合気道の経験がある私は今度は武道の空手をやってみたくなりました。すると家庭内に、ある変化が生じました。どうやら夫より私の立場が上になってしまったのです。ある時、夫の方から私に、「わかったよ、なんでも言うことを聞くよ」「あんたに合せるよ」と言ったのでした。「あんたは空手があっているよ」と言ったのでした。生活にしっかりとした芯が無いと人は弱ってしまうようです。一方、一家のすべてを急に任されて判断に戸惑う私でしたが、とにかく空手を十年間は絶対止めないで続けると決めました。その時は、家族がバラバラになってしまって夫も、家庭内で孤立したような状態になってしまいました。それでも、幸運にも家族の中には、どんなことも諦めない強さは残っていました。

そんな人生の風雪に耐える時期にあっては、困難を乗り越える打開策として本に頼ったこともありました。「だめな時に、苦しい時にこそ、運はためられる」とか、「だめな時に、心の中でいいことを考えられる、自分のことを決められるのは大切なことだ」。そんなひとことでも励みになるものです。常に自分の考えの中心になっていたことは、心の中にはちゃんと神様が居て、その力を信じること、自分の今やるべきことを着々とこなして、自然の力を感じながら日々を過ごすことが大切なのです。

私を支えてくれる身近な味方？

犬は、人を感じただけでも見ただけでも耳で聞いただけでも、野生の勘で、どんな人か、たちどころに分かると言います。人間でも勘の鋭い人は、人品を察知してしまいます。かつてペットを飼ったことがありますが、ネコを飼った時には、ネコの本性があって、目と目が合ったときはすぐに戦闘体制になってしまうので、このことがあって、主人とは不仲になってしまいましたが、ウサギを飼ったときは、ウサギの目の着き方、構造上、にらみ合いになることはなく、楽しいひと時を家庭にもたらしてくれたものでした。

なにしろ、私の人生を振り返ると、いろいろな人の中で、いろいろな仕事や、趣味をこなして、振り返れば、ヨガ、合気道、ジャズダンス、空手、カラオケ教室、話し方教室、ジム、手芸、和裁、お花と多くのことにチャレンジしてきました。

これらのアクションは、主に自分の心の平静を保つために費やされたわけですが、これらの非日常の苦難をを乗り越えることで、日常にやってくる様々な苦難克服への自信につなげることができました。体を動かすと、心にも心地よい疲労が生じ、様々な雑念や悩みも薄らぐ、不思議な関係があると言われますが、家庭から一歩足を踏み出して「趣味の世界」に身を没すると、心と体の不思議な関係のように家庭の悩み事などが緩和されるようです。

しかし、自分の根本的な部分がそう簡単に変わるかというと、かならずしもそうではなく、「ダメな性格」を意識せざるを得ないときには、これらの習い事で、一旦は、大変な殻を破ることができたって考えておいて、少しは自己伸張したとプラスに考えるように努力をしました。ペットも習い事も、そう考えると自分の身近に居た心強い味方だったのです。

古今「嫁入り事情」

かつて、古老から昔の「嫁入り」に関するこんな話を聞きました。

ある娘が、ある旧家に嫁いだ際のことだった。そのお嫁さんは体が弱かった。

そこには、夫の兄弟の先輩嫁もいたし、もちろん姑さんもいっしょの大所帯であった。農家の朝は早く、しかも新米のお嫁さんは、皆が寝静まっているうちから、姑や兄嫁を起さないように、誰よりも早く床を抜け出て、家族の朝食の準備をし、家の掃除、片付け、畑の野菜の世話や草むしり、家畜の世話など、山ほどある家事をくる日もくる日もこなし続けた。

こんな窮状にあっても相談相手もなく、やさしい言葉をひとつかけられるでもなく、ある日「もう、わたしには無理」と限界を迎える。「うちに帰ろう」と思うが、親に恥をかかせることはできない、小さな村社会では「離縁された」、「三行半《みくだりはん》をつきつけられた」などは許されざる醜聞としてたちまち噂の種となる。そんな考えから親元に帰ることは決してできない。昔はみんな着物を着ていたから、たもとにたくさん石を入れるには好都合であった。昔は畑の程遠くないところにいくつもの用水池があった。

やがて、嫁ぎ先から親元に一通の訃報が届き、「なきがらを引き上げよ」と書き添えられている。親は死児の帯を解いてそれを荷い紐に、死児を家に抱きかかえる。そんな待遇をされても、親元から嫁ぎ先に対して文句ひとつ言うことも許されない。

そんな嫁入り哀史を聞いたことがある私は、これがごく身近な話ではないにせよ、戒めにしています。自分も体が決して丈夫なほうではありませんが、調子が悪いからと言って、なにもしないでいる訳にはいきませんでした。子どもを自立させるまで、なんとしても頑張らなくてはって思っていました。

「家選び」について

家は家族の活動の始点、終点ともなる、生活の拠点であると言えます。そこから出掛けて、最寄りの駅まで歩き、あるいはバスに乗って、電車に乗って仕事地に向かう。子供だって、そこから最寄りの学校までしっかりと歩いて通う、そういうことになります。だから、家選びについては、家族みんなの意見を尊重し、もっと駅から近いところ、安全に通学できる場所などを選びたいものです。

一家の大黒柱たる主人一人の目で見てまわって、ここだと決めてしまう場合もあるかもしれませんが、夫婦で見て、家族で見てここがいいって決めた方が、家族みんなにとって幸せな選択となることでしょう。その際には、とくに家の中の作りとか間取りとか、調度の類については、いまひとつ「主婦の目」で見るという条件が加わるとより賢明な選択になることでしょう。

家を構えるのは、一家の主たる亭主ですが、家そのものの切り盛りをするのは妻や母である女性であり、家は家族を守る城なのです。その女性が家の中で働きやすいということは、家がよく運営管理されるということを約束し、ひいては、家庭が円満に運営され、家族が上手く守られることにつながるのです。

このように家族みんなの意見を尊重することに加えて、家選びに関して、もうひとつ重要なのは、あせって間違った判断をしないように、すなわち「拙速」に陥らないようにすることも重要です。もちろん一生で一番高い買い物でもありますし、やり直しが簡単に効かないということもあります。そんなむずかしい判断を求めらる中、精神状態も幾分緊張していたり、高揚していたり、通常の状態でないのかもしれませんから、ふだん以上の冷静さが求められるのも事実です。周囲の詳しい方と相談しつつ、家族みんなの意見を聴取し、最後は女性の意見をしっかり取り入れて決定することが、重要なのです。

「お掃除」の大切さ

家の中を清浄に保つ「お掃除」は、ほこりや汚れを遠ざけ、ダニや害虫を生息させないという目的から、家族の健康生活のために重要な家事のひとつです。

多くの世の中の主婦たるものは、愛する家族の笑顔と健康を思い描き、献身的にほとんど毎日「お掃除」をしています。家の中がきれいに片付いていることが、よい主婦のバロメーターともされているぐらいです。ですから、お掃除や、整理整頓法に関する実用書やムックが大量に発行されたり、お掃除に関するグッズも大量に販売されています。中には、自分で発見・開発したお掃除に関するアイデアや発明品で特許を取得して（お小遣いのレベルではない）財を成した「カリスマ主婦」なんて人もいるようです。

この「お掃除」という営為は、日々続けるということに意義があり、そのたゆまざる地道な努力により家庭環境が保たれるものなのであり、その実施頻度を落としてしまうと、美的感覚も「多少汚れててもいいや」と悪く適応してしまい、生活レベルも堕落してしまうという悪循環に、いとも簡単に飲み込まれていってしまいます。そうした油断を解除してしまえば、あっという間に「汚部屋」や「ゴミ屋敷」の出来上がりです。

この「お掃除」の重要性が垣間見られるのは、仏門の修行に取り入れられているということです。高僧曰く「お掃除は、それが終了したその瞬間から汚れが始まるもので、いかなる人智をもってしてもこれを完成することができない行為である。だからこそ無限に続けなければならないという意味で「修行」にもっともふさわしい」としています。そんな高説はさて置いて、主婦にとっての「お掃除」は、自分の生活に規則性を与え、家族への愛情表現の場を提供し、「きれいな部屋」という自分へのご褒美が得られ、なおかつ根源的な労働意欲の充足をもたらすものであり、お寺の掃除なんかよりも、もっとステキかもしれません。

第二章 生き方を考える

見返りを求めない

人間はとかく家の中と外とでは、様子や対応が違うものです。「内弁慶」とか、「外面が良い」などという言葉が表すように、人は時と場所によって色んな仮面をかぶって生きているものです。さて、そんなさまざまな状況の中で、自分の考える行動様式や価値観の違いから、「おやっ」と思うようなしぐさを示される場合があります。

もし人と合って挨拶をして、相手がだまって無視したような場合、単なる行動様式の違いや、何らかの理由で人と挨拶をしない流儀の人であったとしても、自分がたいそう「無視された」とか、「軽んじられた」とか、落ち込んでしまうような繊細な気持ちの人はいるものです。

しかし、このような場合は、深く考えずにほうっておくのが一番。「どうして」、「なんか悪いことをしたかしら」なんて考えない。自分は相手に敬意を払い、しっかり会釈した、そうやって自分の中で自分の思いが成功していることに気付けばいいのです。

それは、いわば「功徳」を積んでいるようなものであり、「陰徳あれば陽報あり」というありがたくも、大切な教えが残されています。「ひとから気付かれることのない、よい行いをしていれば、それを行った本人に分かるようないいごほうびが必ず返ってくる」という励ましの仏教の教えなのです。こんな言葉が残されているのも、何の見返りもないような善行にこそ、それを行う価値があるということの裏づけなのです。人から評価されることから開放された「善」は功徳として、もっとも崇高な行いなのです。

お金や物が手に入ったというような成功だけじゃなくて、考えていることが成功したというような成功も、自分にとっての大切な功徳と言えましょう。

「孤独」とは、自分を取り戻すチャンスである

以前、美容室でこんなことを耳にしました。たいへん気になったので、そのまま書いてみます。

ある、本を出したことがある人が、人間は、楽しいこと、楽なことだけで終らせないようにしなければならないって言っていたそうです。「孤独になるということは、大事な自分のことを思い出すことが出来るチャンスでもある」と。

これを私なりに考えてみると、頼る相手もなく、自分のことがわからなくなった時は、自分の子どもの時からのことを思い出したらいいということです。そうすると、その時の自分に与えられた課題や場面において、子供なりに命がけでやってきた実績がしっかりあることが再確認されます。それを成功体験として認識できれば、自分が長じて、就職や転職を考えなければならないような重大な局面でも、きちんとつぎに

自分のできる仕事を見つけて、ちゃんと生きていくことができるようになるのです。

自分の将来のヒントは、何を隠そう自分の過去という宝箱にしっかりと秘められていたのです。

日々の生活は、食べて、家に暮らして、トイレに行って、お風呂に入って、服や下着をとりかえての繰り返しです。ときには、家の中で、かたずけられないものはみんな捨てて、究極には、引っ越しをして、そこからまたスタートしてもいい。一人暮らしなら一人でやっていくし、家族がいたら、いっしょにそこから一歩をはじめる。

とにかく、それを止めないこと、そして将来に向けて積み重ねることが重要で、やっているうちに考え方や気の持ちようも進歩していくものなのです。だから、恐れずに、今やるべきことをやっていくこと、それが重要です。

私にとっては「孤独」とは、過去の自分との出会いの場でもあったのです。

毎日の「面白い」が生活を明るくする

日々の生活の中で「面白い」って思えることが増えれば、気持ちもリフレッシュできて、いろんな成功や開運に導いてくれるものです。

感謝、成功、楽しい、嬉しいって自分の心の中で思っていられるのは、生きていく上でとても大事なことです。これが、自分の中で嫌いな物事、時には嫌いな人のことについても、遠ざけてくれる心の免疫になってくれるものです。また、「悪言は悪事を招く」などといいますが、悪い考えが生じたり、悪い言葉を発したりすると、思いがけずブーメランのように我が身に返ってくるものです。そういうことを避けつつ、心の健康バランスが保たれれば、自分の心が晴れやかでいられるのです。

時には、自分のわがままから出た、嫌いなこと、いやなことを、気付かせてくれる人には「ありがとう」と言って、自分のことを助けてくれたのだから、感謝の気持ちを持つという素直さも必要です。そうしたら、その次に、自分のだめだった部分を一つひとつ自分自身で潰していくようにします。だから、そういう種類の嫌いなこと、きたないこと、面倒臭いことにも、ありがとう、と回りまわって、感謝をする寛容さを持っていたいものです。

自分の親戚、夫の親戚、親、兄弟、そして、姉妹、子供、孫、ご近所に住んでいる人々、それに御先祖様にも、いろいろなことを教えてくれて「ありがとう」、「感謝しています」と伝えたいです。

この「ありがとう」、「感謝しています」はマジックワード（人のこころをいつも不思議に元気付ける魔法の言葉）とも言われ、無条件にすばらしい言葉として、同じ意味のことばは、どんな未開の地でも、どんな先進国でも、世界中に存在する人類共通の言葉として育まれているのです。

「失敗」を心にきちんと銘記することのたいせつさ

「失敗」をした時に、それに伴う心の傷があまりに痛いから、一刻も早く忘れてしまおうという考え方は、自己防衛として、ある意味とても大切なことではあります。

しかし、すべての「失敗」を、反省をすることもなく、防止策を検討することもなく、心の中から葬り去ろうとするような精神生活は、今後の生活と人生のために、よい結果をもたらすものではありません。

また、人間の心の仕組みといいますか、心の神秘かも知れませんが、どんな小さな失敗も（もちろん成功体験も）精神の奥底に自動的に、その内容とその心象が心の深層に記録されるものなのです。その記録のされ方についても、過去の人生経験や心の複雑なメカニズムなどにより、どういうものが強く銘記され、どういう種類のものが軽度に記録されるのかは推量することができません。

いくら心に重いふたをしてこれを封じ込めようとしても、その失敗による傷（成功による光明も）は記録されるのです。

これらのことは、次第に蓄積され、ある日、身に覚えのない「心労」となり、心の表面に表起することがあると、本人は、なんせその原因たる「失敗」の体験に覆いをしてしまっていますから、原因不明の気鬱に突然襲われることになります。その際には、「体調が悪いのかしら」とか「なんかのばちにあたったのではないか」などと、暗中模索を繰り返し、なんとかしてその原因を探ろうとしますが、その大切なカギをみずから捨ててしまっているのですから、解決の糸口を探すことすらできません。

そうしたときに、この解決のカギとなる、「失敗」体験を心に整除して日々を過ごしている人は、断然、強いということになります。

一般的な価値基準に自分を合わせようとする不幸

若い頃、仕事をしていて、人間関係に悩んだことがありました。私は不器用なほうで、仕事に専念しようとすると人間関係がお留守になり、積極的にコミュニケーションをとり人間関係を大事にしようとすると仕事の方でミスを連発してしまったり、どうやらこれらの両立がたいへん困難なのでした。

別の状況でも、どうも人付き合いに疲れたりする状況があったので、どうやら人間関係の構築自体が得意では無いと自覚するところとなりました。

人間の生きていく上での価値観、価値基準には「おいしい食べ物をたくさん食べる」、「素敵な異性と出会う」、「田舎で静かに生活する」、「オカネをしっかり稼いで豊かな人生を送る」……、多くのものがあります。これらは誰もが疑うことのない、一般的な（ポピュラーな）価値観ですが、これらの両立を強引に図ろうとすると、価値観の不和が生じたりします。

価値観は人それぞれでいいはずなのに、社会的に有名というか、多くの人が信奉するからと言って、自分を無理にそのたがにはめようとすると、当然不和を生じて、別の方面で破綻してしまうこと（私の場合は「職場で友達、楽しい人間関係を構築する」努力をしたために、「仕事が上手く出来なくなる」）があります。

そこで、あるときから、このことに気付き、世の中で一般的に認められている価値だからって、無理に自分に当てはめなくてもいいじゃないか、自分とそりの合わない価値基準とは距離を置いた生活をしてみようじゃないか、と割り切った生き方をしてみようと思いました。

ちょっと違うかもしれませんが、「人はパンのみにて生きるにあらず」と、かの大聖人も言っているではありませんか。

内なる「神の声」に耳を傾ける

なんとなく「正しい」と思える考え方を意識できるようになれば、どこか「危ない」と思われるような考えが浮かんだ時には、自分を抑制することができます。自分で正しいと思える考えを実行し続けるということは、自分の中の神の声を聞きながら生きることと言い換えることも出来ます。論語の教えにもありますが、「心の欲する所に従えども、矩《のり》（正しい道）を越えず」（自分が思ったとおりに行動しても、自然の理法に外れることがない）といったら言い過ぎでしょうか。そのような生活にあっては、ちゃんとやらなくてはいけない当たり前のことをやろうとしている時は、どんなに歩いても体が疲れない、どんなに行動しても道を誤ることはありません。

自分の体の中で左側の足や手がすごく調子悪かった時、絶えず生活に不調や不便を感じていました。しかし、そのような正しい考えを拠り所にして生活を続けた結果、悪いものをみんな乗り越られたような気分になり、そのことを頭の中で理解できたら、あんなにだめだった体の左側もちゃんとすっきりとし、ついでに、頭の中もはっきりしてきました。自分で自分の体のことがわかっていられているという自覚がちゃんと働いているのは、心身にとってたいへん理想的な状態です。

若い頃、自分がいろいろなことがまだわからなかった時、一人でどんなことを考えていたか、私は克明にノートに記して来ましたが、今それを読み返すとかつて自分で考えたことが今、とてもよく働いている、機能しているな、と気付かされました。そんな昔から、実は内なる心の声との対話を続けてきたことが、現在の「正しい」と思われるような考え方の礎であり、実績であり、将来への自信にもつながるものなのです。

子どもの頃の自分と今の自分を比べて見えてくるもの

自分の性格や生き方を振り返る時、自分が子どもの時、どんなことをしていたか、どんな生活をしていたかを思い出すと、見えてくるものがあります。

たとえば、みんな子どもの時は、怖いお化けだったり、恐い大人だったり、色んなコワい思いをしているから、そんな原初体験を思い返せば、人にそんな思いをさせてはいけないとか、周囲の人に対しての配慮を欠くことはありません。そんな気遣いの出来る人は、神経の細かい人、言い換えれば想像力のたくましい人でもあるので、人の気持ちまでよくわかるものです。家庭の主婦に置き換えれば、そんな人は家族のことを自分のことのように考え、いつもうちの中のことを一生懸命やれることでしょう。そして、もちろん自分のこともしっかり考えて見失わない。やがてその日々は、「一人でも大変なところをいつも、乗りこえてきた」という自信につながり、「それをちゃんと見ていてくれる人がいる」場合には、さらに充実した生活を向かえることができるのです。

よく、世の「親」に対しては、「可愛い子には旅を」という育て方を推奨しますが、これは「子供が可愛いければ、豊かな経験を幼いうちに積ませよ」ということであり、幼少時の体験の数々が、今後の人生におけるあらゆる場面での指針となるから、重要であるという教えなのです。とくに感性に関する原初の経験は重要で、将来を通して「素晴らしい」と思うための最初の経験は、無限に素晴らしいものが期待され、幼い頃に心に刻まれる（刻まれてしまう）「青い空」、「果てしない海」、「はるかな地平線」などといった景色は、少しでも美しいものでなくてはならず、親はこれをわが子に伝えるために、寸毫も努力を惜しむことがあってはなりません。子は、この親の努力に対して、これらの美しい景色を目の奥に、心の底に焼付け、生涯の財産としなければなりません。

「自立」への心構えについて

今まで、すべて夫になにからなにまで頼っている自分を反省して、ある程度自立することを考え出しました。もしもの時があったら自分でも食べていかれるようにしていかなくてはという思いもあったからです。夫の方がなにかのアクシデントで働けなくなったら自分が仕事をして食べさせるくらいの気持ちを持とうと思い、ある時から新聞で仕事を探し、パートに行くことにしました。

そうして仕事をしていると、ずいぶんと生活に積極性が出て、やがて町内会、空手教室、話し方教室、はては、カラオケ教室と活動の幅を広げられるようになりました。

自分の生活や夫の態度を一番変えさせたのは「空手」でした。夫も「あんたには空手があっている」って言ってくれました。それで私は決めました。どんなことがあっても空手を十年続けるって。この「十年」という時の重さこそが、自分にとっての人生の証しとなり、自信につながるものとなりました。

その間、いろいろなことがあっても家族は、いつもいっしょだったと思いますが、ある時から、夫が昼も夜も、寝るようになってしまって、とうとう病院通いを余儀なくされ、入退院を繰りかえすようになって、ついには、なにもしゃべらなくなって歩くことも出来なくなってしまいました。どうしようかと思った時、いつも相談に行く所がありました。そこに行って困ったことを話してみると、夫が執行権を持つ事項（土地・家屋、相続、納税等）に関する「委任条」を出しておいたらいいと教えてくれました。さっそく手続きを済ませ「委任状」を出すことにしました。夫の入退院は続きましたが、転ばぬ先の杖で、なんとか大黒柱の夫に不慮のことがあっても、不安なく対応できる安心を得て、息子たちにも親として余裕を以って対することができるようになりました。

人間は根っからの「怠け者」？

人間は、とかく楽をしたい、怠けたいと思っているから、どうやって楽をしよう、怠けようと狡猾に考える生き物ではあります。そして、そのことを潔しとせず、決して認めようとしないのも人間だといえるのかもしれません。

たとえば、仕事をしないでも生活をやっていこうなどと心の中で考えると、（心の中の「天使と悪魔」でもありませんが）そんな自分の心の声に気付いた人は、そんな堕落した気持ちをなんとかしなくては「いかん、いかん」と常識的な考えをします。人間には、人生態度に関するこんな自浄作用（機能）が、含まれているのかもしれません。

先述の「成功」と「失敗」で書いたことに通じる面もあるかもしれませんが、怠け者、働かざるものには「安息」はやってきません。

人は一生懸命に働いて初めて、その後の「休息」を、ありがたみを持って享受することができるのであり、始終「休息」してばかりいる人は更なる「休息」に対して、ありがたみはおろか、なんの感興を覚えることができません。

この「休息」や「安息」からいかに遠のいて日々の努力を研鑽するかによって、やがてやってくる「休息」や「安息」をより深く、ありがたく、享受できるのです。まさしく「勤労なくして慰楽なし」なのです。

「失敗」の次にかならず「成功」がやってくることは、前項において力説したところですが、同じく「勤労」の後にもかならず「慰楽」はやってくるものなのです。それを知るものは、賢明であるし、後に待機している「慰楽」を求め、「勤労」に安心して勤しむことが出来るのです。

或いは、そのような勤勉家は、誰憚《はばか》ることなく「怠ける」ことさえも出来るかもしれません。

「自信」に変わるまでの時間

わたしは、空手も町内会の仕事も、そのほかのいろいろな習い事についても、いちいち合言葉のように「十年以上、続ける」ことをモットーとしてきました。その道のエキスパートになるとは言わないまでも、人により、ある才能や技量がその人にしっかりと定着しそのことを自覚でき、「自信」が持てるようになるまでの期間や、その達する技術レベルには、さまざま相違があるように思います。ちょっとのことで、すぐにその道を究めたと早合点する「自信家」や「自信過剰」と言われる人もいますし、一方、謙遜家で相当の実力を有するにいたっていても、自分でそれを認めることができず、いつまでたっても「自信」につながらない人もいますが、いずれも気の毒な気がします。

かく言う筆者は、（どちらかというと後者の気質が強いかと思われますが）その見極め時がわからず、とりあえず「十年以上」となんとなく刻限を定めて、これぐらいなら、なんとか自分にしっかりとその経験や実力が、多少のことでは流されずに自分に定着しているかなという判断のもと、これがとりあえず自分が自信を持てるための「期間」と暫定しているような次第です。逆に言えば、「自信」は移ろいやすいもので、「なんだか自信なくなっちゃった」なんていう溜め息はよく聞かれるもので、「自信」は侵されやすいたいへんデリケートなものなのです。もし、自信のあった対処事項について、まさかの失敗をしてしまった場合、この信頼が根底から覆されてしまうような気分になるのです。「自信」は、自分への信頼（安心）ですから、過去に同様の経験が複数あり、これらを乗り越えてきたから、今回の場面でも自分を信じて自分流に処理すれば、失敗なく乗り越えられるであろうという、ありがたい心の保証書のようなものになります。だから、この保証書の記載事項は、時に鍛えられた（筆者の場合は十年）内容がより十分なものである必要があるのです。

第三章

学びを通して

本を読む習慣をつける

本を読んでいると、人によって思っていることが違うことがよくわかります。一人の思考では、当然、考えるのは己一人の思考、孤独の思考ですが、十人いれば、十人十色とまでは言えないかもしれませんが、いろいろと違いや価値感の違いが現れます。ついでに言えば、他の多くの人も自分と同じ問題を考えているのか、ということの不思議、あるいは仲間意識のようなものが生まれることもあります。そういう他の思考との出会いの格好の場所が本であり、それを積極的に求める行為が読書ということになるでしょうか。

たとえば、自分のおかれた境遇と同じ人がそれについて綴った文章などを読むとよくわかります。思っていることが同じじゃないから、その背景や意味も変わっていることに気がつきます。それはもちろん変わっていてもいいことだろうと思います。

そうやって変わっていることに気がつけたら大正解です。

そして、どちらも間違ってはいないということに気付くことが出来たら、大正解です。そう気付けたのであれば、それは自分の「視野のが広がり」、「他者の理解」という貴重な体験となります。そうして、答えや考えはひとつじゃないと思うようになれば、パソコンやスマホの一方的で膨大な情報の世界にも圧倒されることはありません。そういう複眼的な思考が身についたならば、いろいろなものやいろんな人、動物や自然とも仲好くしていけるし、うまく生きていくこともできます。このことに未だ気付けていない人は、独善的になってしまったり、他人の考えを受け入れることができないから、自分の信じること、考えることを他人に押し付けたり（押し付けることは、時として「攻撃」ということばで表されます）、周囲の人々と上手な人間関係を築くこともできないものです。「本を読む」、それは自分の世界への扉を開くための行為なのです。

日々の運動の大切さ

日常生活の中で、自分の体を意識していることがおありでしょう。たとえば、おしりの穴を、一日のうちでふとしたタイミングでギュッとしめる。なにもしないでいたらだめ。ちゃんとおしりも、仕事をするようにしっかりと。そうすると体も頭もひきしまる。するとつねに元気でいられます。実はこれは、年老いて、人の「下のお世話」にならない秘訣でもあるのです。恥ずかしいなんて考えることはありません。

例えば、八十二歳で体操を考えて人に教えている人なんかがいますが、元気元気。そういう人が実際に下の世話にならないし、ガンにもならないようです。たとえばわたしが以前取り組んだ運動で、しっかりと股関節から脚を上げる運動にしても、第一に重要なことは、しっかりと考えて「動け」としっかりと脳からの指令を伝えることです。やさしい、曖昧な指令では体と脳の結びつきがしっかりとできないからです。

第二に重要なことは、股関節の可動域が少しずつ広くなっていくことをきちんと意識するということが大事で、次第に成果が上がっていくことを自覚することができるので、トレーニング用語では、「意識性の法則」として、効果的なトレーニングの方法とされています。第三に重要なことは、股関節がスムーズに動くようになったら、膝や肩、腰などの他の全身の部位についてもこの運動を広げていくことが大事と言われています。これは「漸進性の法則」などと言われています。そうすると体全体が上手く連動するようになり、考え方までも明るくなるようになります。

しかし、いくら日頃の運動を心がけていても、年を重ねるうちに、体の「おとろえ」は避けられないものですから、加齢にともなう当然のおとろえを受け入れられないでいると「不調」と勘違いしてしまい、沈うつな一日になってしまうので、老いと向き合い、受け入れるということも大切なことかもしれません。

「空手」とわたし

空手を始めてから一ヵ月ぐらい経ったころ、今まで、何かに付け夫が主導の生活だったのが、夫の方から私に生活スタイルや意見を合せてきたのでした。そうした変化は不思議なことに夫だけではなく、まわりの人みんながそうでした。私のことをよく思っていなかったであろう人も同じ態度でした。ある日、夫が言った言葉に、「わかったよ、あんたに合わせるよ、あんたは正しいよ、なんでもわかっているよ」というものがあり、ずいぶんと私のほうが優位な立場のようになってしまったのです。自分ではどういう変化が起こったのか、そのときは全々わかりませんでした。しかし「あんたには空手があっている」という一言を聞いて、自分の周りでなにが起こったのかが分かりかけて来ました。

人は、何か一芸に秀でた人、芯が一本通った人に対しては、一目置くようなところがあります。それは、その巧拙に関わらず、なにか人格や心に確固とした拠り所があるということに対する尊敬の気持ちかもしれません。

あるいは、「空手」が使えるようになりつつある私そのものを恐れているのかもしれませんが……。

こんな周囲の反応の変化も、重大な変化でしたが、体を動かすということには、なによりも心の疲れや悪い考え方から自分を遠ざけてくれているような効果があるのです。運動や鍛錬を通して、「心労」(心や頭の疲れ)は「身労」(体の疲労)に転化されるという言葉がありますが、これはたいへん不思議で人体の神秘のようなメカニズムです。端的には、サラリーマンが昼休みに皇居一周マラソンをして、すっきりストレス発散!のようなものなのです。

同時に私は「空手をどんなことがあっても十年間は止めない」と決心しました。

それからもいろいろなことがありましたが、空手は続けました。

テレビから得られる知識と本から得られる知識

テレビを見ていると、多くの視聴者が必要としていそうな情報をテレビ局が一方的に流し、なるほど「便利だなあ」という感想を得ることも多々あります。放送翌日には、その話題で持ちきりとなるなどということもあり、人々の共通認識となるようなこともある反面、人の噂も七十五日でも有りませんが、次第に忘れ去られてしまいます。ありがたい情報の数々も、物量が多すぎると、とかくその重要性を忘れたり、ありがたみが薄れてしまうという事態になり、結局、一顧だにされなくなる、という流れになりがちです。

ところが、本が提供してくれる情報は、まず自分が何かの知識を求めているという前提があり、本を探すという行為は、自分の心の中に生じた隙間や、自分の脳に生じた疑問を埋めるという、自分から知識を求める衝動が出発点となっているから、必死さも、意欲も、テレビを「ぽかーん」と見ているのとは根本的に違うのです。テレビで得られる知識は、情報の海の中に溺れるようなものであり、本で得られる知識は、心に空いたパズルを生めるためのもので、的確な知識と出逢ったら、しっかりと心にはまり、外れることもありません。

また、同じ本であっても、自分の気分や心の状態によっては、違う解釈となることもあるから、たいへん面白いものです。だから、何度も読み返すと違ったものが見えてきたり、何せ手元に確固として本は存在してくれているので、「再読」も「積ん読《つどく》」(その時は読まないで、あとでじっくり読むこと)もできる、座右にあって信頼できるパートナーなのです。

何かの答えや、アドバイスを求めて書店に立ち寄ると、その本のほうから、自己主張をしてくるように、その存在をアピールしてくるようなこともあり、その本と「目が合う」かのような体験もあるので、とっても不思議です。

相互理解できる人こそ「良き相談者」

その人は、自分の心のうちを全部、先読みしているようでした。

その人は、いつも寄り添っているよって、私にわかるようにいつも行動に出してくれていました。それは学生の時の担任の先生でした。その先生は、私がどんなに悪い考えを持っていても、いつも寄り添って守ってやるからって、言ってくれました。

なので、どんなに自分がおかしい状態にあっても乗り越えてこられました。

私が相談に行くと、先生がもっと大変になってしまうって分かってはいましたが、それでも先生は寄り添い続けてくれて、私も先生を信頼し続けました。

そしていつか心がおちついて、自分のことがようやくわかった時、自分の考えでやってきたことがあるって堂々と言えるような時が来た時に、先生との本当の再会が出来るのでしょう。

人は、まったく一人で生きているのではありません。夫の調子が悪くなって、時にはいろいろな人が助けてくれました。自分の息子だったり、知人だったり。時には、すれ違った人や、近くに居る人すら、何か自分をサポートしてくれているように感じさせてくれることもありました。これは、目で見てわかることではなく、感じてわかることですが、これが、ちゃんとわかることがあるのです。

その時に、働いているのが「信頼している人の力」だと感じられることって、すごく大事なことなのです。心の奥の奥の一番底の方から、大事な相手の真心がいつも働いて、全部見てくれている。それはまるで「全部見ているから、お前のやることは正しいから、大丈夫だよ」って言ってくれているようです。だからこそ、私は自分のやることを自分で決めて行動することができ、そして危ないと言う時も、その声に助けられたのでした。

「四十の手習い、五十の手習い」

この言葉は「物事を習うには決して遅い早いということはなく、常に向学心をもつべきである」という意味と、「物事を習うには、年を取ってからでは覚えも悪く苦労が多いので、若い頃のほうが適している」の意味の二つで使われている慣用句です。

私の場合は、子供のころあまり勉強をせず、習い事にも行かずに育ってきました。大人になってからいろんな習い事や教室に参加しました。話し方教室であったり、空手教室だったり、ヨガ教室だったりと挙げればキリがないほどです。年代としては五十の手習いだったり六十の手習いだったりしますが、私にとっては、先に挙げた二つの意味は両方とも当てはまります。

とくに痛感させられるのは、ある程度年を取ってからの習い事は、天真爛漫、自由闊達だった子供時代にはなかった、年相応の恥じらいや、てらいがあり、これらを乗り越えての練習は、時に失敗して顔を赤らめることもあったりして、なかなか困難を伴うものであるということです。

子供時代は、大人になるための準備・練習の期間とも考えられますから、みんなで練習するのは当然で、みんなで失敗するのも当然で、「大人の階段上る♪」なんていう流行歌もありましたが、みんなで励ましあったりしながら成長していく、そんな時期なのです。そして大人時代は、いざ実践の時、幼いときからの積み重ねを存分に発揮して社会に参加する！　なんて意気込みに燃えているものです。そんな中で、なにか幼少時代に遣り残したことがある、自分は準備不足の人間だ、なんていう考えに思いいたることがあれば、猛烈な劣等感に苛《さいな》まれます。でも、そう自覚するところがあれば、それに向き合い、しっかりとそれらを回収し、改修することが、真の人間にいたる道のりなのです。それに気付かなかったり、無理にふたをしてしまうのは、自分への嘘のある生き方なのです。

「体力」や「精神力」は消耗されるもの、「感情」は支配するもの

体力や精神力には、その人ごとの限界があります。もともと体力や精神力（もしくは継続力、集中力）が多い人は、これらが少ない人より、多くの仕事や活動ができ、仕事量も高まるので、一日の生産性にも差が出るものです。もちろんこれらには、その人の精神状態や感情の状態といったその他の要素が加わり、工場の機械のように決められるものではありません。

人間活動の場合、これらにもっとも重大な影響を与える要素は、その人の「感情」の有り様だと思います。「体力」や「精神力」が受ける影響には、使えば使うほど、だんだんと消耗する、すなわち減っていくという変化を生じるということがあります。ところが「感情」は「体力」や「精神力」、「やる気」その他、その人の基本性能、動力性能のすべての面にあまねく、その時に一番強く台頭しているたった一つの

感情が、光や影を落とし込みます。弾んだ前向きな感情の場合は、すべてを明るく支配し（活動を豊かにし）、深く消沈した感情はすべてを黒雲のごとく暗く支配し（活動を低下させ）ます。感情の人間に対する支配力が絶大かつ深刻なのに比べて、感情そのものの揺るぎやすさは、なんとも気まぐれで、とくに高度情報化社会の中にあっては、容赦なくテレビに映される悲惨なニュース映像であろうが、絵本のかわいそうな猫の描写であろうが、如実に影響を受けてしまいます。だから、どうしても「いま、感情を支配されたくない」、「こころのバランスを保っていたい」というような場合、私はその本を閉じてしまったりするのです。そして「猫のことを憐れんで、涙したい」という時が来たとき、感情を涵養《かんよう》しようとするようなときに、「感情を染めてもらう」ために再びそのページに目を落とすことにしているのです。「感情」という、移ろいやすく、とてつもなく強権的な「気まぐれ暴君」を味方に付ければ、飛躍的に人生が開けてくるのではないでしょうか。

原稿用紙のためらい

私はどうも本番に弱い。

ところで、文章作法、執筆作法に関しても、「原稿用紙」を前にすると、あまりの迫力、その威厳に身がすくんでしまい、頭も呆然となってしまいます。

ところが、チラシのウラとか、メモ書き程度ならば、そんなことはないのになんとも不思議です。慣れ親しんだチラシのウラなら、気負いもなく、正直な気持ちで向かい合え、親しい友達に心底をさらけ出すように、スラスラと筆を運ばせることができます。

これは、一介の主婦だけの感覚というものではなく、文豪と呼ばれるような人に関しても同様の感覚があるようで、俗に言う「執筆儀礼」などという行動があり、いざ、執筆開始となる前に、小机の前を三周回ってから、文筆の空間に入り、以って文案をあれこれと練る、とか必ず行水を済ませて心身を精廉《せいれん》にしてから筆を執るとか、その他、余人にとってはもはや意味不明なものもあるようですが、何かしらの特別な行事（儀礼）の力を借りて、気持ちを切り替えるなどという労作をするそうです。

さて、何を書くかというと、自分の身の回りに生起した出来事とそのときに何を思ったとか、どうすればそれを乗り越えられたかなどのことです。それらはかならず、自分専用の、自分最適の「ケーススタディー」となってくれます。

自分は俳句などは嗜んだりしませんが、ある俳人に言わせれば、「俳句は、詠み人（作者）がその瞬間にどういう感懐を抱いたかを、凝縮保管したものだから、読み人（その読者）に感動を直接橋渡しすることが出来る、世界最高の文学」とか言われているようです。

わたしは、今日も、心に映り行くよしなしごとをメモやチラシのウラに書き続けます。将来の自分へのチョットしたラブレターとして。

今も心に生きる「恩師」との出逢い

私が今、こうやって健康で社会的に暮らしていられるのは、ある一人の、先生に出合ったから、そして、その先生に合って初めて自分のことを好きになれたからだと思います。それまでは、人や自分のいやなところしか理解できなかった。その先生に出合ってから人と話をすると、まず、その先生のことを友達と楽しく話をしている自分に気づいたのでした。私は家では親に怒られてばかりで、家にいても、つまらないのでした。学校に行っても毎日面白くなくてどうしていいかわかりませんでした。先生は私のことや、家庭でのわたしの状態のこともよくわかっていたのだと思います。先生はある日、私に自分の用を頼んでくれたのでした。「今日は用事があるので、自転車を家にもって行ってくれ」と。わたしは「好きな先生のお役に立てる!先生に必要とされている!」と有頂天でした。もっとも、先生のうちまで運び終えると、奥さんに「自転車を持ってきました」とも伝えられずに、そそくさと家に帰ったのでしたが……。

仕事を初めて十年くらいがたつと友達夫婦に夫を紹介していただいて、それが縁で結婚をしました。やがて息子が同じ中学に上がったころ、私が好きだったその先生がなんとまだ同じ学校にいるらしいことが分かりました。息子の口からは「先生は草むしりばかりしているよ」とも聞かされました。

さらに月日が経ち、私はひどい咳に苦しんでおり、医者もお手上げとなったときに、私の人生の方向転換をしてくれたこの先生の声が聴きたいという衝動に駆られ、それを実行してしまいました。その時は別の学校の校長となられていましたが、電話口で先生は昔の様子と変わらず、私のことや家族のことについて尋ねてくれて、そうしているうちにわたしの心が当時と同じように癒されていき、咳もみるみる治まってしまったのです。私はこの先生に二度生かされることとなりました。神様の思し召しというものはあるのだなあと思いました。

現代生活は「スマホ依存」の「パソコン頼み」

ひとむかし前、一家に一台パソコンが普及している世の中なんて、誰が想像できたでしょう。今若い人の自宅にはだいたいパソコンが一台あり（職場でも一人一台があてがわれ）、家族一人ひとりがスマホを携帯するような世の中になっています。これらの進化系家電製品の特筆すべき点は、なんといってもインターネットで全世界の情報データベースとつながることができること、そして自分の考えや自分で撮った写真などを全世界に配信できること、だと思います。

何か疑問点が生じたり、分からないところがあれば、インターネットで検索をすると、たちどころに全世界の関連情報を引き出すことができ、たちまち問題解消となるでしょう。ただしこれらは（なにせ全世界のデータベースですから）誤った情報や偏った知識をも含むものであり、それらの間には巧拙、優劣のレベルに差があるのは事実で、ただしく見極める判断は必要です。

ネット情報の引き出し方の仕組みは、①利用者が知りたい情報やそれに関するキーワードなどをパソコンやスマホに入力する、②インターネット側はそのキーワードを含む情報を「検索」し関連情報群を提示する、③利用者はそれらを閲覧し関連情報を探す（得る）、という流れになります。以前でしたら、情報の得られそうな場所（知人に聞く、辞書を引く、図書館で調べる、自分で考える等）に向かってこちらから行動を起さなければならなかったところですが、たちどころにして情報がスマホの画面上に現れる、というすこぶる便利な世の中になっています。この便利さに慣れてしまった現代人は、これに依存しすぎたり、甘えてしまったり、なくては生きてはいけないくらいになっています。

考えない人間、考えられない人間、それは「個」の否定、人間性の放棄も同然ですから、これらの文明の利器には、依存し過ぎず過信し過ぎず、バランス感覚を保ったお付き合いの仕方を考えなければならないと思います。

第四章

考えることの大切さ

何かを始めよう

今日、いつものように、日常生活の中で心に浮かんだことを書き留めようと、原稿用紙を買ってきたら、さっそくとてもいい発見がありました。何かを書こうという決意が日常生活における自分の観察眼というか、心の感度をアップさせたのかもしれません。

それは、なにかと言うと、口を大きくあけると、顎のとても気になっていたところが気にならなくなり、そうすると口を大きくあけて運動ができるようになるということでした。それと直接関係があるか分かりませんが、足の指を曲げただけですぐに足がつってしまっていたのも、何度も伸ばし縮み運動を繰返すうちに、いつの間にか、つらなくなっていました。体全体は精密につながっているようです。

不思議なもので、体の調子が上向くにつれて気持ちも楽になり、どこか嫌いだった人のことが、何にも気にならなくなる、なんていう不思議な効果も出てきました。心と体も綿密につながっているようです。

人の心のリズムと体のバイオリズムは意外と近い関係にあり、双方が上向けば当然いい結果が生まれるものです。とくに、何か新しいことをはじめると、心にとっても体にとっても、新鮮な刺激となり、心と体の距離もぐっと近くなり、協力関係を結ぼうとするのかもしれません。

この仕組みが本当にあるかどうかはわかりませんが、人は、何か新しいことを始めようとすると、色んなことが上手いように循環していくということがあるようです。人間の心って、世の中の流れって、とても不思議です。

だから、いろんなことが始まる春先は、人や植物や世界が、きらめきを取り戻し、華やいだ雰囲気になるのです。

余計なことを考えない

よく、余計なことを考えないようにしているとそれが習慣となり、いつしか考え方のコントロールが出来てきて、思考パターンとして定着し、本当に気にならなくなっているということがあります。

その根底にあるのは、今、考えなくていいことは考えなくてもよいということです。今、考えなくてもいい状態とは、今それに対して為す術がないとか、その解消の手段をとることができない状態のことです。そんな、なす術が無い状況にあっても、考えはいくらでも脳裏に再現し、ただ頭の中をやきもきした考えや想念が駆け回るだけなのです。とくに夜の寝床での考え事なんかは、ただ布団にくるまって手も足も出すことが出来ず、いやな出来ことがつづられた映画を観させられるだけのような状態で、昔の人は夜に余計な考えごとをめぐらす時間を「逢魔の時」、すなわち「悪魔に逢う時間」と言ったりもしています。

創造的な思考により、たとえば嫌いな人が気にならなくなる、なんていうことが実現したとすると、そうなる以前には想像も及ばなかった、たいへん面白い気持ちの変化です。私は亡くなった人や動物の魂も気にしてしまうたちなので、これらが気にならなくなる、考えなくても済むようになるということは、心と頭も健康になったような気分になれます。けっこう人間って、人それぞれに嫌いなものがたくさんあると思います。そのような縛りから開放されると、その人に言いたくても言えなかったなんて事までも、同時に気にならなくなってくるものですから不思議です。

今まで長いこと悩まされたものが、うまく考えられるようになった、そんな体験はとても素敵です。たとえば、今まで四十年も悩んでいたことも、考え方の鍛錬を通して、うまく考えられるようになれるのですから。

人に合わせず自分で考えるということ

私は、人生を振り返ってみて、人に合わせて生きるということが多かったように思います。そういう処世でうまくやっていける人もいますが、私の場合は、人に合わせていると自分の考えがおかしくなっていくことのほうが多いようでした。すると、毎日、その自分を曲げた考えにとらわれ、同じことしか考えていられず、その変な考えから早く抜け出したいと思っていました。すべての原因は、人に無理に合わせているからこそ、自分の心との不調が起こっておかしくなるっていうことに気付きました。そして、周囲の自分への影響の強い人に努めて合はせなければいいと思うように考え方を変えました。それからどうしたかというと、少しでも自分の考えを揺るぎないものにするために、本を読んでみることにしました。そうしたら「人と同じに」を活動原理にすることなく、自分で自分のことを決められるようになりました。

自分の考えを他人に頼らない、ましてや、自分の体についても人様の介護にはならない、これが一番言いたいことです。このようなことはだれも言ってくれないから、自分で気付くしかない、でも今は、いい本がたくさん出ているから、そういうのを買っては読むようにしています。当たり前のようなことですが、本は読者を選びません。

一方、世の中には、生活のことでも仕事のことでも、人になんでも指導したがる人がいます。そういう人は、自分にとっては最も歩調の合わない人種なので、うまくやっていこうなどと考えず、ほうっておけばいいと思えるようになりました。そうすれば、人よりも早くしなくてはいけないっていう焦りもないし、100％自由になれる。自分で「考える」って、だれにも邪魔されない、とてもいいものです。

お金のことをよく考える

日頃から、お金のことをよく考えておくことはとても大事です。自分の通帳や箪笥預金についても、しっかりと見ておくこと、数字はちゃんと合っているかみること。一日のうちに何度も通帳を出してきて面倒だと思っても、よく数字を理解しておくこと。収支をしっかり把握し、将来の予測を立てること、これは人生設計にとってもっとも重要なことです。

そして、自分の生活にとってなにが大切な出費か、家族にとって重要なイベントの際にどれだけの貯蓄をしておくべきか（お寺へのお墓の管理に対する定期的なお布施についても）、このような常日頃の考えが正しいライフプランになるわけです。不思議に思ったのですが、生命保険員に求められる資格の名前は「ファイナンシャルプランナー」といい「財務的な管理をする」というような意味を持っています。生命保険の業務内容、すなわち、将来設計における家庭内の財務管理ということであり、このように家計と生命や生活は密接に結びつけられたものなのです。

お金のことで人の世話にならないことと同様に、自分の生活に関しても、なるべく「介護にならない、下の世話にならない」ということ、それに向けた若いうちの日々の努力も、ライフプラン上とても重要なことです。最近では「尊厳ある介護」というキーワードで知られるようになってきましたが、「オムツを他人に変えてもらう」、「下の世話を機械的に若い男性にしてもらう」などというのも、なんとも切なく恥ずかしい話です。

そうなる前に、金銭の管理、体の管理を日々積み重ねておくことは、とても大切で、その日々の積み重ねは、将来への蓄積でもあり、日々の「今日はうまくいった」、「成功した」って思える成功体験は自分への何よりの勲章となるからです。

雑詠　日々の悩み事

嫌いな人のことをずっと考えて毎日苦しんでいる時期がありました。そうして苦しんでいると『引き寄せのトレーニング』という本に出合って、気がついたことがたくさん出てきて、とても幸せな気分になれました。この本のテーマは、「世の中のできごとは、人間の意思で作り出せる」ということであり、「幸せになりたい」と真剣に念じれば「幸せ」を手に入れられる、「幸せ」だったと考え直すだけで「幸せ」だったと考え直すことができる、という主張がポイントで、多くの人気を博した本でした。わたしもこの本を読んでみて、今まで考えていたことが、実は、みんなきちんとできているじゃないって思うことができました。

考え方はいくらでも変えられて、今まで「だめだった」と思っていた人生も、考え方を変えることで、「まんざらでもなかった」と考え直すことができます。

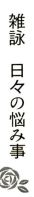

このような考え方で、嫌いだった人のことを考えてみると、そう違和感ものなく、うまく考えられるようになり、発展的な考えも出てくるようになりました。

しかし、嫌いな人とうまくいくようになったからといって、ただ喜こんではいられません。それは、自分が「だめ」だと考えていたところが、なんとなく妥協して良くなってしまったのかもしれないからです。人の心は摩訶不思議です。だから、自分のことを常に気をつけていることが大切です。たとえば、外から何かの声や音が聞こえて来て、それが今の自分の気持ちに合はせてくれていると思ってしまうのは、錯覚であることもあります。

考え方の訓練としては、逆に、今度は自分から合せてみたらいいということもあります。考えている中で「同調」が働いて、ものごとが自分と上手く、合うようになったとしたら、それがいいという場合もあるようです。

心の平穏（Ⅰ）　自分のすべきことは何かを振り返る

あることが、気がかりでしょうがなくなり、困ってどうしょうもなくなったら、エイヤッと「忘れた」にしてしまう、そしてもう「思わない」。これを意識しているかどうかは分かりませんが、意外とみんなそうやって生きています。たとえ「忘れた」が出来なくても、それに変わる「気を紛らす」を、やって生きています。「それは、家の外でも、家の中でも……。

親は自分の子供のこと、夫は妻や子のこと、妻は夫や子のこと……、そこに外からおかしな考え方が飛び込んで、家の中にまで侵入して来てどうしようってなってしまう。ストレスは貯まるし、だからと言って叫ぶわけにもいかないし、イライラはつのるばかり。そんな中での打開策を考えた結果、たどり着いたのが、「なにかのクラブに入って大きい声を出す」でした。私の場合は、空手教室に通い、さんざん大きい声を出すだけ出すことにしました。それでなんとか、バランスをとっていられました。それでもうまくいかない時はどうしたかというと、うまくいくまで待っていました。駄目なときはあくせくしても駄目で、天の時を待つのが一番ということもあります。

夫婦の間でもこのような負の循環が続くこともありました。最初の内は、いやな気持ちが続くのに堪えかねて、なんとかしたいって思って相手の喜ぶようなことをしてみました。それでもだめっていうのが分かったとき、相手のことは、ほうっておいて自分の今やるべきことをやっていくことにしました。

その時に選んだのは、「先祖供養に行こう」でした。相手のことを意識せずに、だからと言って人に期待することもない、自分にとって純粋に大事なことに思えたからです。やがて大きな心の安寧が訪れました。

心の平穏（Ⅱ）悩みや望みをしたためる

二十年くらい前、私はなにかにつけ、身の回りに起こったこと、心の中に思ったことを一生懸命、紙に書いている時期がありました。そして、それらは、すぐに捨ててしまえるような紙に書いていました。気軽に、気張らず、肩肘を張らずに出来たから、この書くという作業が続けられていたのかもしれません。

言葉にしてみるということは、言葉にするために頭で考えるという経過をかならず経ることなので、あいまいだった自分の気持ちをはっきりさせることができ、その時に、偶然心に浮かんだ言葉の中に、答えが出てしまっているようなこともあるようなのです。

言葉には「言霊」が宿っているなどといいますが、正確な意味は理解できませんが、言葉はそのものが特別な力を持っているのかもしれません。

自分の体についても、調子が悪いことについて一生懸命、ただ直そうと、その一心で書いていました。そんな気持ちはいろいろな人や、自分の家族、子供ともつながっているかのようでした。

そもそも、家族とうまくやっていきたいからと思って、短冊に願いをしたためるように、様々な思いを紙に書いていたのでした。体の調子が悪くて手術するかもって何度も思ったことがありましたが、その悪いところを、行動しながら、書きながら、考えながら直していきました。これは大きな自信にもなりました。

心の平穏を保つには、まず、自分の出来る事柄をやっていくのが大事です。エベレストの登山家も冒険の開始は自分の故郷の町の一歩からといいますが、まず、日常の自分のやるべきことをやっていく、掃除、洗濯、買物、食べること飲むこと、お風呂に入る、シャワーをあびる、そしてまた躓きそうになったら「書く」を続けることが大事なのです。

脱マイナス思考に向けて

心の天秤は、ほんのわずかなかたよりがあっても、そっちの方にふれてしまうから、ちょっとでもマイナスな考えが生まれたら、ちょっとの傾きの内に、すぐに平衡を取り戻すように心がけるべきです。一度、傾き始めたら、あとは加速度的にマイナス方向にどんどんと傾いて、どっぷりマイナス思考側に落ち着いてしまい、浸かってしまい、もはや回復不能ということになりかねません。

心の天秤のもうひとつの不思議な傾向でもありますが、いろいろなことに関する考えに対しても、自然によい方向に傾いていくものです。こんな、ちょっと意識しているというだけでも、自然に考えの流れを良くしていかれるってとても大事なことだと思います。

心のバランスを保つために、心のメカニズムというか、自分の心の経緯を把握しておくことも大切です。自分がへんな暗い気持ちになったら、そのとき一番最初になにを考えたかを思い出す、そういう思考の変遷をたどる習慣は、とても重要であると思います。

自分は、大変な緊張家で、そうなるとたいへん不安な状況になってしまうので、とくに「緊張」との戦いは自分にとって重要な意味を持ちます。そのためにも、いつどうやって緊張をするかを、振り返りたくない過去であっても、歯を食いしばるようにしてでも思い出す。自立をしなければならないと思ったとき、一番最初にどんな時にそう決めたのかを思い出す。怯えるような怖いところで考えたことは、ただ怯えながら考えたというものではなく、その先に、あるいはその奥にどんな怖いことがあったかを知らなければならないことだと思います。

そこまで、しっかりと経緯を把握しておくことで、将来に再来するであろうさまざまな困難に対しても「緊張」せずに対峙できるのかもしれません。

「好き嫌い」と「善い悪い」

「好き」と「嫌い」、「怖い」と「なんでもない」って人間にはいろいろな、言わば動物的な感情と、「善い」と「悪い」という言わば人間的（道徳的）な感情・判断があり、そういうものを背負いながら、日々生活を送っています。そして、行動の選択を迫られる「課題場面」に遭遇すると、どの基準に従って対応すればよいか実に迷うものですし、迷っていないように見えても頭の中のコンピューターは激しく演算をしているものです。

「好き」と「嫌い」は個人間で様々に異なる主観的判断であり、「善い」と「悪い」は比較的に個人間では共通で、その個人の属する共同体や社会では共通な価値観とされているもので、時として「道徳」などというスゴイ名前が付けられる、「好むと好まざると」実践しなければならないこととして、前面に立ちはだかるものなのです。

しかし、「好き」と「嫌い」は、本当に気まぐれなので、この「道徳」と対立する場面が多々あり、「いやだけどやらなくてはならない」、「やりたいけどやってはいけない」などの感情との衝突を生じることがあります。これらの「善い」と「悪い」といった「道徳」は「人間としての尊厳」とか「人間と動物を分ける理性」などとかっこよく表現されることもありますが、それほど重大な結果をもたらさない生活での小さな選択をしいられるような場合、「好き」の判断基準で行動すべきか、「善い」の道徳基準で判断すべきかの選択に困らされることはあります。また、一般道徳を超越した個人的な「善い」という判断基準が、成功をもたらす事例もしばしば見受けられます。ドラマなどで見られる、結婚式に第三者が現れ、その熱意と迫力に圧され、新郎なり新婦がついていってしまうような略奪婚です。「愛は勝つ」ということでしょうか。

本当に嫉妬深いのは男？

夫がかつてよく言っていました。嫉妬は女より男のほうが、激しいし、汚いものだって。職場でも、ときどき家庭でも、それを常に覚悟して、用心して過ごしていました。

女性の嫉妬でポピュラーなのは、浮気ややきもちなどで、その激しさや時として狂気に変貌する様子から、女性のお家芸、女性の代名詞のような言われようで、ややひどすぎる感はあります。

しかし、男性の嫉妬に目をやれば、サラリーマン社会での出世競争、足の引っ張り合いなどと、女性の場合と負けず劣らず、熾烈な様相を呈しています。ただし、こちらの方は厳しい競争社会を生き抜く「男の戦い」のような美名を借りて、男たちの嫉妬心は巧妙にオブラートに包まれてしまっています。しかしよく目を凝らしてみると、人事配置権・人事考課権のある上司への根回し、競争相手を蹴落とすリーク（悪い情報の流布）合戦などと、中々どうして壮絶なものがあります。

性的な属性と照らして見ると、女性の嫉妬は、たとえば「他の女性へ向けられた男性の感情への嫉妬」などの場合は、その男性を愛するが故のことであり、愛情の裏返しとして、またはかなくも感情に翻弄されて生きる性として「可愛い」などの印象が与えられる場合もありますが、男性の嫉妬は、「男子たるものはいかなるときも泰然自若として……」という、瑣末なことに心を動かされないという益荒男《ますらお》イメージがあるので、「嫉妬」などしようものなら、いかなる状況にあろうとも「見苦しい」とのレッテルを貼られてしまいがちです。

どちらに軍配が上がるかは分かりませんが、「嫉妬」が似合わないのは、どうやら男性の方かもしれません。

第五章

仕事と生活

「仕事」は自分のため？人のため？

考え方がどんどん変わっていくと元気も回復できます。体の悪いところが直っていくと、対外的な事柄ばかりでなく、家の中を大事にしようという余裕も出てきます。一緒に暮らしている人がいれば、うまくやっていけるようにと考えることでしょう。

物事を、心の中が混乱した焦った状態でやっている時は、自分を見失ってしまっていますが、自分がしっかりしていれば、なにをしているのかが分かり、何より安心できます。お金のことは意外と頭痛の種で、意識しすぎたりすると、いろいろな大事なことがついてこなくなってきます。

今なにをしているのか分かって行動しているときは、楽しんでもいられるし、喜んでもいられるものです。そして、自分にはどんな仕事ができるのかも、分かってきます。

仕事は人のためと自分のためにやるものだと考えましょう。人のためと自分のために好きな仕事をやっているという自覚があれば、変に人を騙したりすることもないでしょう。

もし、いろいろな仕事をやっていたら、どんな仕事をしても人のためと自分のためではあるけれども、人に喜んでもらえるための計算が入り込んでくることもあります。また、ギャンブルのような考えも入ってくることがあるので、注意が必要です。何かの商売で、人を騙してお金を多くもらうようなことがあれば、お客さまは「あそこにはもう行かない」って見切りをつけてしまうかもしればせんし、悪評が広まれば、どんどんお客が離れていってしまうかもしれません。そういう商売を続ける人は、決定権は常にお客様の方にあることを肝に銘じ、これからは儲けることばかり考えないで、つぎにまた来てもらえる計算とサービスを考えないと、つぎにつながりません。

生活を支える仕事？ 仕事を支える生活？

仕事選びで悩んでいたとき、長くやっても続けられないものは止めて、長く続けられるものを探して、それが見つかったらそれを天職のように考えて、その仕事を続けていったらいいと思うようになりました。そんな思考の背景には、どういうふうにして自分で自分のやる気を出して元気に動くことができるか、日々の生活を普通に過ごせるかという判断が当然あります。

「生活を支えるのは仕事である」という経済的な定理を疑う人はいないかと思いますが、私の場合は「仕事を支えるのは生活である」という精神的な定理もあてはまります。すなわち、自分のしっかりした生活、もっと言えば「自己」が確立され、それが根底になければ、とても仕事＝労働しようという気構えを持つことはできないということなのです。この二つのバランスは重要であり、仕事を「生活の糧を得るため」

だけのものとして捉えると、きっと「仕事」は手段、「生活」は目的という「仕事」軽視の考えや、生活自体の本質の見極めが出来なくなるというような弊害を生じることと考えられます。

幸いなことに、自分にとっては、家のそとでの「仕事」にも、家のなかでの「仕事」にも同じ重要さを感じております。トイレ掃除をしてキッチンを掃除してと、こんなことはだれもやれって言ってくれないから、自分で自分のことを、自分キッカケでやらなければならないという、外の仕事ではあまり当てはまらない「自律」という厳しさがあるかもしれません。そして、喉が渇いたとか、なにか食べようとかという自分の欲求についても、今日一日やることと併せて考えます。言わば、他人キッカケで動かされるそとの仕事も、自分キッカケで動く部屋内の家事や生活といわれるような仕事も、相互に支えあうものではありますが、しっかりとして自分が中心に存在しなければ、成り立ちません。

日々の生活を守る

先を考えてはいけないとか、未来は来ていないのだから期待してはいけないとか、でも明日のことぐらいは考えないとか、どのくらい考えればよいか、当然ながらそんなことに定説はないようです。

明日のことを気にし過ぎると、たとえば明日はゴミの日だから、早く起きていろいろやりくりを考えなくてはならない、いろいろと心配し過ぎて夜中の十二時を過ぎるまで起きているようになってしまって、なんだか本末転倒のようになってしまうようなことがあります。そんなに気をもまなくても、結局朝もちゃんと起きて、いつもやるべきことをやっているのです。

だから、日頃から自分のやるべきことは、ちゃんとすべてきちんとやっていれば、俄かな杞憂《きゆう》に襲われることはないのです。逆に言うと、家の中の家事って、生活の平穏を何気なく守っているようで、実はたいへんなことでもあると言えます。だから、たいせつなことでもあるのです。

普通のなんでもないことをきちんとやれていると言うことは、やれていたらありがたいと感謝をすることが重要です。買物に行って欲しい物が買えた、自分の必要なものが買えた、これだけでも感謝しなくてはいけません。美容室に行って綺麗になれたら感謝、電車にのって無事目的地に着けたら、それも感謝。外に出かけて無事に家に帰って来られたらまた感謝。そして究極は、七十歳になるまで、自分の日常を過ごせたことを感謝。たぶん、要所要所で神様が守ってくれて、いろいろなことを乗り越えて来られたこともきっとあるでしょう。なので神様にも感謝。

自分のしなくてはならないことを積極的に選択的にやっていく、それらの成功の連続が毎日を、そして人生を作り上げて行くのです。

環境が変わると「達観」できる

人は多かれ少なかれ、みんな他人や周囲の人のことを気にして生きているものです。もちろん、自分の大事な身内、子どものこと、仕事やプライベートで関係のある人のことについては、より心を砕いているものです。

そして、あれこれと気にしては、必要上あるいは必要以上に心を砕いています。そんな数多くの心労も視点が変わると、ある種の化学変化のような変容を見せる場合があります。

たとえば、外に出て仕事をしたり、サークルや会合に参加して家族とは違う人々たちと接したりしてみると、視点が開け、嫌いだった自分、親、時には子供のことが一層好きになれるような、変化が見られることがあるのです。

いつもいつも平穏な生活で、「なんでもいーよ」の「苦労知らず」だと、「大事なこと知らず」になってしまいます。大事なことを知ろうともしないから、心の中のわがままが働いてしまうことになります。一方、苦労をしている人は、人のことも大事にしながら、うまく生きていくことを日々努力を続け、だめな自分を変えていこうとするものです。

私もかつて、家族がバラバラになりそうな危機を体験したことがあり、夫婦でお互いにとても心配をしていました。ところが、家族から、物理的にも心理的にも一旦離れてみて、ふたたび会ったときに、そんな危機はなかったかのように、なぜかとても落ち着いていられました。家族が共にいること、そんな当たり前のことが大事なのだ、と気づかされました。そういう思いをすることで、当時、ふたたび息子といっしょに暮らしていられることが、そんな普通なことがとても幸せに思えたものでした。離れてこそ見える風景というものや、今度は近寄ってこそ見えてくる風景、この二つがあるのだなあと思いました。

異国人との、ある遭遇体験

やっぱり、おっとりとした島国の人より、外国人の方が行動にしろ思考にしろ何かと機敏で「速い」ように感じます。

たとえば、外国の人の方が考えるのが速いとか、「読む」ことが速い。なにか一歩先を読まれているようで速いのです。日本人は農耕文化の民ですが、欧米人には、ナイトの騎士道の血が引き継がれているような、そんな雰囲気があります。

ある日、公園に散歩に行ったら、ベンチがあるからそこで休んでいました。すると、外国の団体の人が私の所にきて、いっしょにすわって写真を撮ろうとするので、それは困ると思って、公園をふたたび散歩することにしたのでした。それから何日か続けて散歩に行くと、また別の外国の人がやってきました。どういうわけか、またいっしょに座わったので、またすぐ立って歩くことにしました。そんなことが三回ぐらい続きました。なんか外国の人には「先読み」をされているとしか考えられない、そんな不安に駆られたことがありました。

また、外国の人は思ったことは、なんでも言葉や態度や表情に出してしまうので、外国人同士の会話が、まるで喧嘩をしているかのように見えるようなことがあります。もっとも、その後には、ハグやキスと言った強烈な愛情表現でもって、これらを打ち消すといった儀礼もあるようですが……。

絶えず他国からの侵略と攻防のせめぎ合いの歴史があったヨーロッパ大陸の人々や人種の坩堝《るつぼ》と言われるアメリカ合衆国では、主義主張をいかに優位に展開するかに重きを置く、民俗の血が流れており、比較的に他国からの侵略の脅威が少なかった日本人は、隣人との付き合いや「和」を尊ぶ傾向にあり、自分の主義主張を遠慮しがちです。こんな文化背景や言葉のスピード感に慣れてしまえば、外国人とも上手くつきあえるかもしれません。

「仕事」の力を借りて自分を突き動かす

家にいるばかりでは得られないような力が、仕事を通して開眼した、なんていうことは、しばしばあるものです。

「仕事」の場では、ある一定の技量というか技能を持った先輩や同僚が居て、そういう人の心と頭と行動を、見習って働いていると、その人の力を借りながら、自分もやっていけているという瞬間を肌に感じることができて、そんな自分に自信が持てているということがあります。もちろん、自分が働いた対価としてお金をもらう「仕事」であるという重圧やプレッシャーが、己が身を引き締め、その分だけ自分の行動や活動を高めるという面もあります。

「仕事」をすることの動機、すなわち自分を突き動かす原動力のみなもとが、家計を支える、子供を育てるという、重大なものであるという点も、「仕事」をすること、「仕事」を続けていくことに真剣味を持たせます。とくに、日本には海外のように盛んに転職をするという風土がなく、年功賃金、年功序列の終身雇用といった風土のほうが根強く、嫌でも好きでも、自分を押し殺してでも、仕事を続けなければならないという義務感が強いようです。

「仕事」の場所には、このようなこころざしを持った人々が集まっていますので、ある程度の真剣さも生まれるものです。しかし、見方をちょっと変えると、「仕事」をしている人々、「仕事」が与えてくれる真剣さ、「仕事」により得られる対価などの要素が、個人が一人でいるとき以上の能力を発揮させてくれているとも言えるのではないでしょうか。

「重い腰を上げる」などとよくいいますが、人の「腰」は意外と重いもので、「自力」により「自分きっかけ」で「自分」を動かすのは、意外とむずかしいものですが、「仕事」の場に多く存在する「他力」に頼ると、活動のきっかけが得られ、いわば「他力本願」が実現されることになるのです。

人類にとっての永遠の課題？

私は、かつて、いわゆる「トイレが近い」問題で、たいへん苦労いたしました。どこかへ外出するにせよ、トイレのことをいつも気に掛け、トイレが借りられそうな施設やコンビニをいつも探すかのようでした。

しかし、この問題は「出物、腫れ物ところ嫌わず」と、相当古いことわざに見られるように、古来からの人類の共通の悩みであるとも言えるでしょう。

どうしたら、この問題を解消することができるのか、私なりにどういう状況では比較的に我慢ができるのかを考えるうちに、「仕事中はあまりトイレに行きたくならない」ことに気付きました。そして、家に一人でいると「トイレが近く」なり、逆に言うと「トイレ近ければ尿意も近し」と感じられました。つまり、なにか他のことを強く意識していると、大丈夫なのではないかと思いました。気にすれば気にするほど、強く、現実化してくるのが「トイレ」のようです。

あるお医者さんは、歯の知覚過敏のように、尿意そのものが人により強く感じられたり、弱く感じられたりすることがあり、強く頻繁に感じられる人は「尿意過敏」なのです、となにかのテレビ番組で解説していました。そして、これを解消するには、これらをなるべく意識しないこと、つまり無視することで尿意を感じることも少なくなり、やがて解消すると説明しています。別の女医さんは、「女性はもれなくもれるものです」なんて、身も蓋もないことを言ってましたが……。

「病は気から」と古言にあるように、人間の体はある意味、都合よく設計されており、トイレのみに関わらず、体の痛みなどについても、気にしなくてもいいようなものは、ある程度気にしないで過ごすということも、自分の心身を健全に保つための方便なのかもしれません。

自分をほめる

もし人に、ほめられたことがなかったら、自分で自分のことを、ほめてみる、それってとても大事なことだと思います。最近では、子供のしつけでも、スポーツ選手のトレーニングでも、「叱って伸ばす」から「ほめて伸ばす」に世の中全体のトレンドが傾いているようです。とくに子供の場合は、「ほめられる」ことは、親の愛情をたっぷりと注がれていると感じるので、この「ほめられる」の体験が少ない子は長じても、人を愛せなかったり、人格的に不完全に育つというような重大な弊害が生じるといわれています。

このようなことは大人にも共通したことであり、会社で部下をほめて能力を伸ばす、なんてことが大真面目に研究・実施されているようです。

それでは、もし周囲にほめてくれる人がいなかったり、最近ほめられていないなあと感じることがあれば、自分で自分をほめてしまうという必殺技があります。自分の今日の服装を「今日の服はなかなかかっこいいんじゃない」とか、「センス抜群！」などと口に出してみる、口に出すのがちょっと恥ずかしければ心でそっと思ってみるのです。それだけで自分の承認欲求（人から評価されたい、認められたいという欲求）が充たされ、さっきの自分よりグンと幸せで暖かい気持ちに包まれるものです。

この効果をもっと引き出したいのなら、笑顔で笑ってみたり、笑い声を出してみたり、それを鏡で見てみるのです。そこまでやってみると、脳はすっかりだまされて、なんとも楽しい気分に見舞われるものです。最近よく言われますが、「人は楽しいから笑うのではなく、笑うから楽しい」ということがありありと感じられてくるものです。これなら、外的条件がどうであろうと、自分から幸福になる手段を勝ち取ったも同然です。ちょっとした恥じらいを捨て、これを実践する勇気は必要ですが……。

「他人の目」と「自分の目」

人は、自分が他人の目にどう映るかのをとても気にしがちです。自分は人と比べると、どこかへんなんじゃないかって思うようなことがしばしばあります。時には、自分のことなんて自分がよければそれでいいじゃない、と開き直ることも出来ますが、意外とそうも行かないことが多く、根が深い問題です。

それじゃあ、自分で、自分の「なにかへん」だって思われそうなところを直せばいいじゃないかと、発想を転換することもできますが、一筋縄ではいきません。そして、この時に、仇《あだ》となるのは、意外と厳しい「自分の目」だったりするのです。

ところで、うちで飼っているのは猫ですが、私がどうであろうと「なんでもいいから好きっ」て感じで、余計なことはなにも考えずに隣で無邪気に寝ています。猫はペットのなかでも気まぐれの代表格などとは言われることがあるにしても、「余計なことをなにも考えずに」ひいては「ありのままに」自分を生きる姿勢が人生には大切であることを、この猫が気付かせてくれました。

猫は自分がこの主人に寄り添うとき、主人の顔色を伺ったり、都合を考えたりすることもなく、また、自分がそこに居てふさわしいかどうかなどということも一切考えず、ただ寄り添うことをするのです。そして、この猫が、何気なく隣で寝ていればいるほど、この上なく能弁に「無邪気」の重要性を私に伝えてくれたのでした。

自分らしく、ありのままにいること、それが一人ひとり個性も性格も心情も違う人間にとって、最大の「正直」となると思います。この「正直」を以ってすれば、「他人の目」も「自分の目」も気にせずに「正直」に生きることができるし、「正直」に生きることにより「他人の目」も「自分の目」も気にしなくてよくなるのです。

「本を書く」ことの意義について

自分の考えや、経験したこと、そこで得られたこと、これらを「書く」という作業は、個人にとっては、自分自身の理解、自分の考えや心の整理につながります。これらを、ぜひ人に伝えたいと思う人は、これらをワープロで打って小冊子にまとめて知り合いに配ったり、こういった原稿を見て「これはすばらしい、世に広めたい」と思った出版社は書籍に編纂し出版したりするのでしょうか。これに対し、読者側の受け取り方は、経験者からのワンポイントアドバイスとして、ある悩みを抱いていて自分ならぬ他者がどのように考え、どのように切り抜けたかというヒントを得ようと、藁《わら》にもすがる思いでページをめくることになるのでしょう。

人が長生するに応じて、否応なく飛来する人生の様々なイベントや出来事にたいして、子供のころから蓄積してきた経験に基づいて構築された自分だけの「生き方ノート」だけでは、とても対応しきれないので、しばしば他の人生の先輩の「生き方ノート」（これは必ずしも活字になった本でなくても、言葉でもよいのですが）からヒントをもらうことがあります。これが「本」の存在意義であり、おおげさに言えば、多くの人類が有史以来、営々と続けてきた文化の伝承ということでありましょう。

こうして、人は自分の体験や知識だけでは、御しきれない未知の課題場面に際しては、先人の知恵にヒントを得て（本を読んで参考にして）なんとかその課題をクリアして、今度は、自身の経験としてそれをしっかり心に銘記して、しっかりとした経験者になっていくのです。ただし、この「経験者」がよき伝達者、アドバイザーとして存立するためには、今一つの素養がもとめられるべきで、よき「表現者」であれば、言うことなしです。経験は経験すればとにかく「経験者」になることはできますが、それを自分の心内に秘匿してしまっては生かされず、わかり易く人のために開示する「表現者」たりうる心の広さがなければなりません。

〈著者プロフィール〉

上田　しげ子（うえだ　しげこ）

昭和23年生まれ。

現在、埼玉県朝霞市在住。

苦しいときにこそ考え抜く

「苦しみ」は「向き合う」ことで乗り越えられる

発　行　日　令和元年９月30日　初版第一刷発行

著　　　者　上田しげ子

発行・発売　創英社／三省堂書店

〒101-0051　東京都千代田区神田神保町1-1

Tel：03-3291-2295　Fax：03-3292-7687

印刷／製本　三省堂印刷株式会社

ISBN　978-4-86659-096-7　C0095